AF339944

PARIS-BERLIN

1870

PARIS-BERLIN

DEUXIÈME ÉDITION.

Bruxelles

LIBRAIRIE UNIVERSELLE DE J. ROZEZ

87, RUE DE LA MADELEINE

—

1870

Bruxelles. — Imprimerie de Ch. et A. Vanderauwera, rue de la Sablonnière, 8.

I

Paris est plus qu'une ville, c'est la ville.

Les Romains appelaient Rome *urbs*. Paris est l'*urbs* du monde moderne. C'est la ville matrie. La concitoyenneté universelle a pour capitale cette ville. Point concentrique autour duquel tournent les nations. De Paris centre part le branle qui, une fois donné, franchit les limites des peuples. Du reste, Paris est abatteur de limites. Il projette sa grande personnalité fatidique par delà les délimitations des races. Sorte de mitoyenneté universelle.

Paris est la condensation énorme des instincts et des intelligences.

Sa civilisation, colosse confus qui se voit à moitié dans les ténèbres à moitié dans la clarté, ouvre dans la contemporanéité une projection de bras géants. Dire jusqu'où Paris va, où Paris s'arrête est impossible. Par delà son contour réel, Paris a dans la profondeur du monde une extension vague de contours illimités. Ces contours, faits d'âmes et d'idées, mêlent dans un sublime rapprochement fraternel les vieilles hostilités résistantes des nationalités.

89 est la poignée de mains tendue aux séculaires défaites de la justice et tâtée par l'universelle bénédiction des hommes.

Les anciens eussent appelé Paris *monstrum*. Moins l'hydre que la fusion de l'hydre et de quelque chose d'autre. Ovide dit quelque part du Lion de Némée *fera*. Bête fauve tout simplement. En retour, il nomme le Sphinx *monstrum*. *Monstrum* a le sens des vagues complications hybrides et multiples. C'est pourquoi Paris étant l'irrégularité excessive avec des possibilités d'éventualités tragiques, ils l'eussent qualifié *monstrum*. Disons le monstre. Paris est le monstre par le pêle-mêle titanique de ses foules. Il l'est par le hérissement prodigieux, dans l'universalité moderne, de son individualité brouillée de Gomorrhe et d'Athènes. Son profil énigmatiquement grimaçant dessine au-dessus des destinées du monde, avec le froncement des sourcils joviens, l'écarquillement du rictus œgipannique. Paris, d'ailleurs, contient le mélange de l'altière divinité dominatrice dans la nue et du grotesque faune cynique dans la crotte. L'hybridité de l'Olympe des grands dieux confondus à la cohue boiteuse des petits dieux se heurte au fond de ses promiscuités.

Paris compose sa face d'une agrégation de masques douteux profilant toutes les nuances de la bestialité hilare et de la spiritualité sévère. Lequel de ces masques est le vrai? Aucun. Tous le sont. Cette prodigalité de mensonges est profusion de vérités. De la totalité des grimaces sort l'unité énorme de la face. Car Paris est bloc. Fragmentez le bloc sans voir les adhérences, vous aurez des fragmentations de vérité. Des connexions étroites lient, au surplus, dans cette formidable unité de Paris, la scélératesse et l'héroïsme, les géhennes et les paradis, les cimes et les gouffres. Voir le sinistre entrebâillement des antres plutoniens sans remarquer au dessus l'épanouissement des élysées, est aveuglement. Les profondeurs ténébreuses de Paris orgiaque tiennent par de mystérieux degrés aux spirales éblouissantes de Paris penseur. La vague silhouette de la bête éclatant de rire a pour correctif le resplendissement sidéral de l'archange priant.

Ainsi Paris mêle la splendeur à l'horreur, la fange à la nue, le cloaque à l'olympe, le carrefour au forum, l'aile au pied-bot, et fait dans une confusion de ciel et d'enfer une vaste mêlée de chaos.

Qui dit chaos en ce siècle, s'impose l'obligation d'être le Thésée de ces enfers. Le philosophe a besoin d'être un instant visionnaire. On sait seulement où l'on va quand on sait ce qu'on est.

Qu'est-ce que Paris?

II

Paris est mont ; il est tour ; il est calvaire ; il est phare. Il n'y a pas de si épouvantable conflagration de nuées que ne domine sa grande lueur altière faite d'éclairs. Il a par dessus les nations le grandissement sévère et prophétique de Moïse. Il monte sur le Sinaï, et, debout dans la nue, il parle à Jehovah. Toutes les fulgurations redoutables des tempêtes ne font pas baisser ses prunelles éblouies d'infini. Le doigt de Dieu est d'ailleurs sur lui. La quantité de direction que l'Anankè suprême imprime à ses peuples chefs se voit au resplendissement de cette énorme face de jour dans la nuit. Dieu l'a fait pour combattre et lui a dit : Va ! Il marche. Sabaoth et Jehovah sont avec lui. Il est le peuple des champs de bataille où l'on tue et le peuple des champs de bataille où l'on pense. Il suit des yeux une vague ascension astrale ; la conduite mystérieuse de l'étoile des Mages illumine ses chemins. Il est le guerrier de la guerre et le guerrier de la paix. L'énorme main sort de la nuée pour guider ce peuple.

Disons-le d'ailleurs : derrière Paris il y a la France, derrière la France il y a l'Europe.

Dans le grand assaut de tempêtes qui bat le vaisseau Europe, Paris commande le branle-bas. Les formidables trompettes révolutionnaires qui font crouler par le monde les royautés et les empires, sont embouchées par ses colères et ses vaillances. Sa conscience, quand elle éclate, chargée du fardeau de la conscience universelle, est comme l'éveil d'une caverne de lions. Dans les ténèbres de la liberté esclave, il est le clairon qui fait entendre au loin les dianes. De ses mains courroucées il abat les bastilles, brise les chaînes et dresse les barricades. Il est le porte-torches qui escalade les ténèbres, et tout à coup, dans le blêmissement lugubre, fait des trouées où surgit la lumière. Paris garde chez lui les Némésis, groupe farouche qui se lève quand il faut. Il est l'énorme archange penché sur l'univers et soufflant à tous les ciels ses haleines et ses voix. Il est le poëte, le penseur, l'artiste, le soldat. Toutes les aubes l'ont trouvé debout, dans un resplendissement de force, prêt à toutes les batailles. Lui-même est un faiseur d'aubes. On l'a vu tordre la nuit comme un haillon et en faire de la clarté.

Il y a d'ailleurs dans les choses une certaine quantité de contrariétés qui servent à les faire ce qu'elles sont. La nuit contient une irradiation confuse de lumière. La gerbe de clarté que l'aurore ouvre dans l'espace, est mélangée d'épis noirs lentement pénétrés de rayons. Paris fait de tout le tas de choses ténébreuses le brandon avec lequel il allume les constellations. Il amasse les épaves monstrueuses de la nuit et les jette dans le vaste flamboiement. Les incendies de ses aubes révolutionnaires sont alimentées et composées de tout ce qu'il vomit de noirceurs et d'abus.

Insistons-y : Paris, c'est l'Europe. Ce flux, l'Europe, vient à cet autre flux, Paris, et Paris retourne à l'Europe. Marée d'âmes. L'histoire est faite de ces grands va-et-vient. Tantôt c'est Athènes, tantôt c'est Rome. Aujourd'hui c'est Paris. Paris jette aux nations la nuit et le jour. En retour, il les reçoit d'elles. Blâmez

Paris, soit ; blâmez aussi l'Europe. Paris et l'Europe sont solidaires. Qui dit solidarité dit responsabilité. Les splendeurs de Paris sont un peu faites des redressements d'ailleurs et ses décadences des abaissements de partout. L'épaississement nocturne amassé à cette heure sur l'Europe des rois, des papes et des tzars, ajoutait, hier encore, aux condensations crépusculaires de Paris-empire des aggravations farouches.

Paris a en lui cette effroyable somme de ténèbres dont se composent, sous la conspiration des trônes, les bagnes, les pontons, les lupanars, les sacristies et les Tuileries. Ses profondeurs baignent dans la lividité de toutes les cavernes et de tous les égouts.

Mais Paris gouffre contient les cimes. Par delà ce pêle-mêle, il tend les bras vers l'immense épanouissement sidéral de consciences. Question de temps.

III

Une chose caractérise Paris : son rire. Racontons-le.

Paris est le soldat gai. Quand Paris rit, il y a de vagues suspensions de glaives dans l'air. Ce rire est plus démolisseur que toutes les étreintes de mains. Penser aboutit chez lui à cette résultante, rire. S'il souffre, il rit. Cette espèce de jovialité, mêlée d'on ne sait quelle persistance farouche, est cynique et tragique. Toujours rire est aussi épouvantable que toujours pleurer. L'esprit recule, voyant quelque chose d'excessif. Une égale horreur d'inconnu flotte sur le masque rieur d'Héraclite et le masque pleurard de Démocrite. Cette volonté de rire quand même contient, pour qui la sonde, une certaine quantité de vertige malaisément déchiffrable. On sent vaguement l'approche des profondeurs. Le rire a des spirales troublantes. En haut, un peu de bouillonnement; en bas, l'hydre. Le rire est hydre : il broie et il dévore.

Rome riait. Athènes riait. Une confuse rumeur hilare monte de leurs sépulcres à travers l'histoire. L'histoire, étant pleine de cavernes, a d'ailleurs fréquemment ces retentissements d'échos. Paris garde du rire latin et du rire athénien de certaines répercussions où s'entendent les brouhahas des faunes dans les joncs et des dieux dans l'Olympe. Pourtant Rome et Athènes riaient différemment. A Rome surtout, il y avait dans cette ouverture de bouche la joie du *panem et circenses*. Quelque chose qui était le rire, montait du boyau repu et des yeux satisfaits. On était content, on riait. On a dit ceci : Paris riant, c'est Paris désarmé. Erreur. Paris riant, c'est Paris armé.

Généralement, la jovialité qui est dans le rire se double de férocité. C'est une promiscuité menaçante et douce de gouffres et de fleurs. Moloch mêlé de Mochus, Croquemitaine mitigé de Circé. D'autant plus terrible. Ulysse se faisait attacher aux mâts à cause de l'appel des syrènes. Il y a des syrènes dans le rire ; mais point de mât. Ulysse eût été dévoré. Du reste implacable.

Toute la largesse de César, largesse poussée même, en dehors du *panem et circenses*, jusqu'à de certaines tolérances excessives, comme de parler, d'écrire, de se réunir, d'être un peu mieux qu'une brute et un peu moins bien qu'un homme, échoue contre cette tendance revêche à ne pas s'adoucir.

Rire c'est demander, c'est ordonner, c'est intimer, c'est menacer. Il y a des rappels à l'ordre et des sommations au fond de cette troublante rumeur exigeante. L'éclat de rire ouvre à la songerie des rois toute sorte de perspectives sombres. Ils ont la conscience de quelque chose de noir et d'infernal mêlé à cette voix qui vient on ne sait d'où. Ce sinistre railleur de la nuit, Méphistophélès, fait d'ailleurs sa joie de pousser sous les trônes des huées gaies.

Rire tient du complot. Des conspirations latentes sont au fond de l'hilarité. On s'abrite dans le rire comme dans une ombre. Viens m'y chercher. La conscience a par moments cette bouche pour échappatoire. Venise ouvrait dans l'ombre des gueules de bronze; ces gueules conspiraient avec le tyran contre Venise. La bouche d'airain de Paris, béante à travers l'inconnu, est son rire; mais Paris conspire avec Paris contre le tyran.

Le rire est oiseau et lutin. Il flotte sur les cimes, il roule dans les gouffres. Partout et nulle part. Puck et Homunculus se mêlent dans cette volatilité. Il tourbillonne dans une nuée pleine de soufflets. Et de sifflets.

Voir dans cette obscurité du rire déroute l'esprit. Un chancellement en sort comme de certains gouffres vus de haut. Des épaisseurs sinistres et point de degrés. Le rire est à pic avec des assises de nuit. Du fond de cette nuit les sphinx lugubrement ameutent des clameurs et proposent des problèmes.

Paris riant est le Paris des barricades et des révolutions. Ce rire est épée : Paris combat à coups de rire. Ce rire est fouet : Paris fustige à coups de rire. Ce rire est fer rouge : Paris marque à coups de rire. Cet éclatant et terrible rire est réellement l'arsenal de toutes les armes avec lesquelles ses colères travaillent à l'élaboration des catastrophes. Par moments, la réunion de toutes les rumeurs que sa gaîté fait au dessus de lui a, pour l'oreille qui sait l'entendre, le fracas d'un renversement dans l'ombre. Cette hilarité tient, en effet, du frappement et du cassement. Approximation de marteau retombant à grands coups sonores.

Cette colossale bataille du rire engloutit d'ailleurs dans son tumulte gai toutes les manifestations du rictus enflé jusqu'à l'engueulement et diminué jusqu'au sifflement. Les frémissantes vipères de l'ironie rabelaisienne se compliquent dans ce fracas de la troupe des démons riant à travers le sombre sarcasme ménippéen. Des rhythmes d'enfer mêlent aux piaulements des flûtes de Sicile le rugissement des trompettes de Jéricho. A travers les huées on entend siffler les lanières d'Aristophane, claquer les baguettes de Martial et crépiter les fers rouges de Juvénal. Tout à coup 93 fait explosion dans *Ça ira*. Rire trempé dans de l'écume; et de tout cela sort une effroyable harmonie vengeresse où hurlent des voix d'abîme.

IV

Il y a au dessus de Paris un vaste clairon dans la nuée. Tumultueusement il apparaît aux yeux visionnaires avec l'embouchure convulsive de deux lèvres énormes. Quelles lèvres? Celles du rire. Le rire, dieu farouche aux pectoraux d'airain, plus fort que la douleur, colle au cuivre géant sa bouche enflée de toutes les hilarités de l'espace. Le nain y met un bruit de grêle, le géant un fracas d'ouragan. Toutes ces haleines, roulant épouvantablement dans les spirales sonores, y font des avalanches éperdues qui sortent en croulant, comme des tonnerres sur les pentes de l'infini.

Le rire de Paris n'a pas dans ses joues la bouffissure heureuse de Momus et de Bacchus. Il a le ballonnement plein de tourmentes de la voile sur l'Océan. On sent dans ce rire une permanence de tempêtes. Éole, tordant son noir sourcil houleux et gonflant sa bouche des vents de l'espace, présente une assimilation avec la face de Paris riant.

Ce rire est une expansion d'âmes.

Le clairon reçoit de l'âme qui est partout ses insufflations.

Un jour ces insufflations, grossies au fond des destinées, font à l'horizon les nuées farouches d'où sortent avec des éclairs les révolutions.

L'esprit de Paris s'adapte d'ailleurs admirablement aux destinations du clairon en suspens. On dirait de cet esprit de Paris le mascaron comique d'Athènes. Dessus, le redoutable et inamovible rictus; dessous, tout un monde ténébreux. Au milieu, la bouche, hiatus énorme. Cette bouche a le baîment d'un cratère ouvert aux grands vomissements. L'écartement des lèvres semble fait expressément pour le large entonnoir du rire clairon. Rien de tragique comme cette éventualité de rire. La bouche a le retroussis tumultueux de la nuée d'où sort l'orage.

Qui·dit rire dit masque. Qui dit masque dit bouclier. L'âme des patries se réfugie derrière l'impénétrable et muet rictus. L'ombre qui sort de là, sereine et furieuse, avec des approfondissements sépulcraux, fait sur la pensée publique des condensations où les rois ne voient point. A couvert sous le grimacement d'airain, le cœur s'ouvre aux désolations, et les larmes, comme la fonte dans le moule, roulent, invisibles et ignorées, dans les plis du rire immense.

Ce masque est défensif à la fois et offensif. Nul meilleur rempart aux investigations inquiètes des tyrannies que cette spirale d'ombre aboutissant dessous à la conscience publique et dessus à une ouverture confuse et hilare ! Comme l'ennemi dans ses palissades, le génie des nations se recueille derrière ces impénétrabilités, envoyant çà et là à travers les brèches de son rire des boulets rouges qui viennent on ne sait d'où.

Les peuples sont comme de certaines mers. : les ténèbres planent sur la vaste oscillation tranquille, mais par places l'œil distingue un accroissement d'agitation dans la vague et un épaississement de blancheur dans l'écume : là est le gouffre. Quelque chose monte toujours des abîmes, l'écume de la mer, le rire de Paris.

Paris a ri de tout temps. On dirait à entendre le vaste retentissement que ce rire fait sous les cieux, la forêt du rire. La forêt de Dieu a son rire aussi, qui est le vent dans les arbres et les nids : c'est un murmure quand soufflent les brises, bouches joyeuses ; c'est un ouragan quand soufflent les tempêtes, bouches sinistres. La forêt des hommes a dans les vibrations de son rire des brises gaies et des tempêtes bourrues.

Ce rire de Paris est, du reste, sagesse. Rire a toujours été l'une des forces de la philosophie. Il ne résoud pas, soit. Qu'importe! Il dissoud. Avant de reconstruire il faut abattre. La truelle qui refait veut être précédée du marteau qui défait. Le maçon marche dans la brèche ouverte d'abord par le démolisseur. Le rire est ce démolisseur.

Le rire a la vague irrégularité d'une ligne qui va du problème à la conscience par une courbe et le chancellement d'un pont qui s'étaie sur des arches parfois boiteuses. En retour il est quelque chose comme la main qui tire en bas les vols trop profonds épars dans les espaces et l'écrou que la raison pose sur les déviations possibles de l'esprit. Tel qu'il est, le rire est grand.

Il l'est tellement qu'il fit la Révolution.

Si vous avez une oreille, vous entendrez sortir de là l'énorme rire plein de songes, de sanglots et de colères.

Rire c'est se mettre en garde. Machiavel hostile a toute sorte de réserves défensives. Cesser de rire est périlleux. Il faut malheureusement à cette splendeur, la foi, ce correctif, le doute. Ouvrez donc vos portes la nuit ; persuadez-vous qu'il n'y a pas de voleurs et dormez les bras croisés pour voir. La France eut la sublimité de croire à la superfluité de la défense.

Prométhée ferait bien d'être un peu Argus. Il y a toujours eu des reptations de bêtes sinistres autour des grandes confiances.

Pour Hercule, Omphale, la fraude. Pour Samson, Dalila, la trahison. Pour Brunehild, Gunther, la violence.

Paris a eu ses 18 brumaire et ses 2 décembre.

V

L'Idéal dessine dans la pensée de mystérieux linéaments qui sont comme les contours des choses. Le Mal, par exemple, manifestation hostile de la Matérialité, s'ébauche dans une sorte de turgescence tragique obscurément faite d'ignorance et de scélératesse. Le Bien, au contraire, efflorescence pacifique de la Spiritualité, s'épanouit dans un resplendissement visible d'intelligence et de conscience.

L'esprit, cette lumière, et l'animalité, cette nuit, font sur Paris, *Plebs et Fex*, de si noires confusions qu'il est difficile de distinguer les ombres des clartés.

Paris c'est la bataille. Bataille formidable des aubes et des crépuscules heurtant dans des écroulements de ténèbres et des déroutes de clartés ces éternels symboles des civilisations, Dieu et Satan. Paris voit incessamment dans sa gigantesque mêlée vivante les fuites du bien alterner avec les fuites du mal. Il est lui-même à ce point dans les entraînements et les vertiges de la lutte qu'il roule sur toutes les pentes et se redresse sur toutes les cimes, suivant l'élan qui lui vient il ne sait d'où.

Il n'y songe pas, d'ailleurs. Indifférence naturelle. Le nageur dans l'océan ne discute pas avec les fracas où il roule. Le flot n'est pas philosophe. Il y a de ces pentes où l'on va sans savoir pourquoi. Les grandes mêlées se compliquent d'une certaine quantité d'inconscience. Un échevèlement plein de dispersions possibles pousse à outrance dans des inconnus terrifiants les flottaisons de la vague dans la mer et de l'idée dans l'humanité.

Paris, étant l'idée, a ce roulement d'abîmes.

Le flot sous la main des tempêtes est ce qu'est l'homme sous le doigt des destinées. Parfois également inconscients avec je ne sais quelle passive obéissance aux providences ignorées, ils vont à travers des tourbillonnements de gouffre.

Disons-le. Rien d'exagéré dans de tels rapprochements. Paris dans le siècle a l'énormité de la mer sous le ciel. Ses combats d'idées ont des approximations naturelles avec les combats de flots, les uns et les autres pleins de chocs, de rumeurs, de bercements, de rages, d'arrachements, de colères et d'irrésistibles enveloppements. A travers ses gestations redoutables, Paris fait de ses hommes des flots mis en branle par des frissonnements profonds. Frissonnements d'au dessous, car Paris a toujours eu sous lui l'ouverture et le tremblement d'un abîme.

Paris océan agite ses foules flots. Similitudes réelles. Qu'est-ce qu'un flot ? Fragmentation du grand tout rugissant. Qu'est-ce qu'une foule ? Morcellement du grand tout pensant. Le flot, unité, participe de l'océan, infinité, comme le citoyen chiffre participe de la cité nombre. Le citoyen et le flot sont les réductions de l'océan et de la cité. L'énorme oscillation marine passe de la vague à la vague les alternatives de la tempête, cette bataille de l'azur et de la nuit. Ainsi dans la cité l'effrayante rencontre de la matière et de l'esprit communique à l'âme, de citoyen en citoyen, l'alternative des chutes et des redressements. Sur le flot comme sur le citoyen pèse d'ailleurs la sévère conspiration des causes cachées. Le flot roule et lutte; l'homme va et combat. Et l'immense vertige des gouffres les pousse tous deux à leurs destinées, éperdus et inconscients, dans un souffle et un aveuglement.

VI

Paris est fait d'antithèses. Être et ne pas être. Il n'a rien en lui qui ne se détruise et ne se répare. Toute sorte de contrastes font sur lui toute sorte de contrariétés. Ses nuits sont baignées de jour et ses clartés éclaboussées d'ombre. Il heurte dans des débâcles de paradis et d'enfer les anges et les démons. Il est Hercule, vainqueur des fléaux vaincu par Omphale. Il a la métamorphose d'Adonis changé en Gnafron. Il contient les gémonies et les panthéons. Il donne à ses courtilles le voisinage des piloris. Nul plus que lui ne rapproche les roches tarpéennes des capitoles. Les latrines défaisant ce qu'elles ont fait et accueillant Héliogabale après avoir vomi Claude se sont trouvées chez lui. Tibère à Caprée pendant que Jésus agonise au Calvaire, il a vu cela. Il tempère Marengo par Satory, ayant du reste à Waterloo Queretaro pour pendant. Ses Auguste sont suivis de ses Augustule.

Après Bonaparte le grand, Bonaparte le petit.

Il est voué à de certains retours d'histoire mêlant au fond de l'inconnu des confrontations farouches telles que César et Brutus, Charles Ier et Cromwell, Louis XVI et Mirabeau. César regardé dans l'ombre par Labiénus et Gessler par Tell est un guet observé souvent dans Paris. Il assiste à des hasards étranges, comme par exemple, ayant vu en 1664 un Bourbon chasser les Corses de Rome, de voir en 1804 un Corse chasser de France les Bourbons. Paris a toujours mis Thersite sur la route d'Agamemnon et coudoyé Hamlet avec Falstaff. A Choiseul ministre sous Louis XIV il donne Lebel valet pour vis-à-vis et double de Triboulet bouffon François Ier roi.

Paris connaît les exclusions qui s'admettent et les parités qui s'excluent. Il a dans la balance des peuples la consistance excessive d'un monde hétérogène et entier. Son homogénéité, composée d'éléments prodigieusement variés, trouve des cohésions jusque dans son hétérogénéité. C'est ainsi que son inconstance, cause de chutes, le pousse aux novations, éventualités de progrès. Il a dans sa légèreté cette faiblesse, l'inquiétude du pire, et cette force, la volonté du mieux. L'indestructible besoin d'idéal qui fait les Prométhées le pousse à travers toutes ces recherches et cause la brièveté de ses quiétudes.

Voilà soixante ans que la teutomanie vit de ce sarcasme sur la peau de Paris et raille sa mobilité.

Cette mobilité est la grandeur de Paris.

VII

Paris, ville éternelle! tu es pontificale et abjecte. On te voit tour à tour t'engloutir dans l'énormité terrifiante de Satan et te redresser dans l'immensité radieuse de Dieu. L'archange et l'hydre se confondent dans ta colossale animalité mêlée de spiritualité avec des alternatives de renversement. Ta vaste fange hideuse est semée d'éclaboussures sidérales; la voie lactée jette des resplendissements dans ta nuit. Il y a sous un de tes pieds un vague rayonnement de trépied et sous l'autre un vil obscurcissement de tréteau. Tu contiens à la fois la basilique et la sentine. Subur chez toi voisine la roche Capitolienne.

Les sphinx accroupis dans l'avenir proposent sinistrement aux penseurs ton redoutable problème plein de nuit. Toutes les promiscuités engendrées par le bien et le mal font de tels chaos en toi que ton problème se complique des destinées éparses à travers l'universalité humaine. Tu es, à cette heure, une sorte d'incarnation prodigieuse de l'Europe. Incarnation mêlée de gestation. Toute la quantité de corruption latente dans le continent se confond dans tes profondeurs à toute la quantité d'aspirations surgissant de sa vieille âme. Ton sein, éblouissant et sordide, porte le gonflement de deux mamelles, l'une qui est de lait, l'autre qui est de poison. La mamelle de lait élargie dans un resplendissement de blancheur maternelle, est l'abreuvoir splendide des lèvres de l'esprit. La mamelle de poison, pendante dans un flamboiement farouche, est la coupe sinistre penchée vers les lèvres du corps. Sur toi l'ouverture des Olympes fait des élargissements de clarté : sous toi on ne sait quel entrebâillement de lupanar fait des blêmissements de crépuscule.

Ta formidable horreur énigmatique se compose d'apothéose et de fumier ; ta tête s'avance dans des perspectives de clarté, tes reins se dérobent dans des fuites de nuit. Tu as le majestueux élancement d'une théorie séraphique à travers l'espace et le déhanchement lascif des danses corybantesques sur les monts. Ta dextre, levée vers les profondeurs sublimes, semble ébaucher l'ascension vertigineuse de l'idéale échelle ; ta senestre, baissée vers les profondeurs sinistres, semble précipiter sur des pentes d'ombre des écroulements infernaux.

Au bout de la main levée il y a la coupe pleine de ciel où se posent, comme des colombes, les âmes ; Shakespeare, au bout de la main penchée, eût vu le ténébreux chaudron des sorcières de Macbeth.

VIII

Egérie et Canidie. Ce chaudron de Paris d'ailleurs est fournaise. Et la fournaise, bouche qui engloutit et bouche qui vomit, a cette duplicité, l'absorption et la résorption. Penché sur l'obscure et formidable bataille, Paris attise dans les profondeurs pour l'éternel enfantement le monstrueux foyer des dissolutions.

Toutes les faces sinistrement grimaçantes de la laideur, forgées par l'instinct, ce colossal Vulcain caché du masque humain, s'adaptent dans la fournaise aux adéquations de l'idéal infernal. Là s'élaborent les despotismes à face de hyène, les scélératesses à face de tigre, les lâchetés à face de chien, les luxures à face de pourceau. Basile, vague défroque honteuse et couarde, revêt l'informe silhouette fuyante de la calomnie. Tartufe, strabisme, fait d'un louchement la contexture de l'hypocrisie. Vautrin, condensation faciale, sert aux fuites du crime. Et parfois, ces fragmentations de la perversité, tragiquement agglomérées dans une incarnation triomphale, servent à mouler le profil de Lacenaire ou de César.

Toutes les monstruosités, toutes les difformités, toutes les turpitudes, toutes les hideurs, comme des masques de théâtre aux patènes du vestiaire, pendent aux clous de la funèbre caverne Paris, redoutables éventualités d'incarnation. Pourquoi faire ? Pour obéir aux providences noires.

Rien ne bouge : immobilité spectrale. L'heure n'est pas sonnée. Tous ces vagues suaires attendent pour se mettre debout et recevoir leurs incarnations, la mise en demeure sombre du destin : attente pleine d'angoisses. Il y a par terre des tas de choses traînantes qui sont de la vie et des haillons ; un pêle-mêle de linéaments confus brouille dans l'ombre où rien ne se voit et rien ne s'entend, le mystère de ce qui n'est plus et de ce qui n'est pas encore ; des hérissements tragiques et d'effroyables bouffissures remplissent d'horreur tout cet inconnu épars à travers le néant. Rien ne remue : tout est plein de vie. Ce néant tressaille. Ce rien frissonne. Les Caïphes rôdant à travers la nuit font trembler au passage de leur ombre farouche de vieilles déchiquetures ayant la peur d'être choisies. On sent dans les linceuls frémissants l'épouvante et la honte des Charles IX çà et là répandus dans la possibilité de l'heure. L'attente des Busiris, des Assuérus, des Henri VIII, des Christiern II et des Philippe II épars dans les mains du destin, fait bouger à travers des désirs de fuite ces tas de vagues défroques obscures qui tantôt seront des Troplong, des Bazaine, ou des Baroche.

L'horreur secoue ces nippes guettées dans les ténèbres par les Olivier le Daim, les Tristan, les Lebel, les Letellier, les Père Joseph et les Dangeau. Le masque redoute la face et conjecture. Puis l'heure tombe sur ce tas de fantômes. On voit apparaître la cohue boîteuse et louche des Robert Macaire, des Vautrin, des Cartouche, des Rodin, des Scapin, des Mascarille, des Loyola, des Escobar, des Richard III, des Shylock, des Cambacérès et des Dupin. La fraude, le parjure, le vol, le meurtre, l'escroquerie, rien ne manque pour faire Mandrin bandit, Borgia pape et Bonaparte César. Surgissement grotesque et sinistre. Hydres et singes. Triboulet met la mitre et Bobêche la couronne. Crispin se grime en Lycurgue et Pasquin se drape en Solon. On entend Scapin se nommer sire, Mascarille est monseigneur. Judas a le sénat et Barrabbas les portefeuilles. Des joues faites pour les soufflets sont des titres pour les honneurs. Vautrin est juge et Cartouche est préfet. Plus on est marqué à l'épaule, plus on est chamarré dans le dos. Trestaillon rayonne et Pancrace resplendit. Les simarres crottées de boue festoient avec les uniformes poissés de sang. Toute sorte de risées mêlées à toute sorte d'horreurs président à Soulouque embrassant Schahabaham.

Il arrive parfois que toute cette terrible fournaise sert à autre

chose qu'à faire souper chez César Trimalcion, Caïphe et Poppée. C'est, par exemple, quand après les hommes éclatants,
elle fait les hommes ténébreux.

César a le banquet, mais Brutus a César.

IX

Sous l'empire, on a dit Paris mort. Paris ne meurt pas. Paris
est le colossal et permanent travailleur des temps modernes. Il
sait que le monde a besoin de lui, et en attendant qu'il travaille,
il forge ses outils. Le sommeil peut, il est vrai, paraître la mort;
mais dans cette mort il y a la vie. Ne demandez pas à Samson
d'ébranler continuellement les colonnes du temple. Après les
fatigues, il y a, pour le géant comme pour le nain, le repos.
Nous l'avons dit : c'est alors qu'arrive Dalila. Bonaparte III
s'explique par Napoléon I. Ce géant, la France, dormait au
lendemain de 1815 : 1852 lui coupa les cheveux.

De certains labeurs ont besoin, du reste, de certaines préparations. En haut, rien ne bouge ; en bas, tout s'agite. Les profondeurs conspirent contre les sommets. Et ces conspirations
sont d'autant plus redoutables qu'elles sont plus obscures.
Notez d'ailleurs ceci. Les profondeurs conspirent avec les sommets. La lumière complice de la nuit, cela se voit. La servilité
collabore avec l'hostilité. Rien n'est à craindre comme de voir
tout le monde à genoux, la quantité de redressement étant en
proportion de la quantité de prosternation. Simple histoire d'élasticité morale. Plus on choit, plus il faut remonter.

La haute malice des rois serait de tout tolérer, même la liberté. Si les peuples n'étaient plus forcés de conspirer la nuit, ils
conspireraient le jour, ce qui reviendrait à ceci : ne plus conspirer du tout. On serait empereur, sans casse-tête, comme on

serait savetier, et, l'on finirait doucement, accepté peut-être par la pitié, ce qu'on est obligé d'interrompre, refusé par le dédain.

Les imprudents qui ont dit Paris mort ne savent pas ce qu'il y a de terrible dans certains gouffres tranquilles. Les peuples sont comme ces gouffres. L'immobilité de la surface cache des troubles profonds. Sondez la sinistre et muette épaisseur : la sonde touche aux tempêtes.

Paris est la Révolution. Les destins lui ont fait des pectoraux propres à sonner de l'énorme clairon, et dessous ils ont creusé des profondeurs plus orageuses que celles de la mer.

Voilà pourquoi le monde, à la minute du siècle qui a précédé celle où nous sommes, sentait, à travers une effroyable tranquillité apparente, l'ébranlement que font les futures catastrophes.

Le drapeau des révolutions ouvrait tumultueusement ses plis gonflés de vents farouches sur les derniers chancellements de l'empire boiteux.

La guerre contre l'étranger a fait diversion à la guerre civile.

Paris eût croqué son empereur.

Ce banqueroutier a profité de Sedan, cette porte ouverte, pour s'évader, laissant la France ruinée — et debout.

X.

On a vu des chutes d'idées. Les gouffres du temps se sont ouverts à des engloutissements de principes. Tout peut s'anéantir. Hors une chose : l'idée humaine. Les hommes disparaissent : cette idée-là, jamais. Socrate, Caton, Jésus, Jean Huss, Luther, Danton, Kléber, Baudin s'en vont; l'idée pour laquelle ils sont morts demeure. Elle fait mieux : elle triomphe. Or qu'est-ce que cette idée humaine ? Justice, liberté, fraternité. Marchez dessus : elle renaît. Anthée tombant avait d'autant plus le redressement. L'idée humaine est comme le vieil Anthée. Nul moyen de la clouer au néant. Si elle tombe, c'est pour surgir après. Cherchez donc à étouffer la lumière du soleil. Une telle idée est à l'âme ce que le soleil est au corps.

Que les hommes s'en aillent, c'est bien. L'homme est moment, l'idée est éternité. L'humanité se compose de cime et de gouffre avec un versement qui descend aux vagues ténèbres pleines de mort et une montée qui mène aux apothéoses pleines de résurrection. Or le gouffre est fait de cet écroulement, l'homme, et la cime de ce surgissement, l'idée. Ce qu'il y a de mieux dans l'homme, l'idée, monte quand le reste descend.

Cette ascension constante de l'idée règle à mesure le mouvement de la balance tenue dans l'infini par le destin. Or la lumière et la nuit sont les deux plateaux de la balance.

Irrémédiablement le plateau lumière s'élève et le plateau nuit décroît. Quand la nuit sera descendue à toute sa profondeur et que la lumière aura monté à toute sa hauteur, on verra l'immobilité de la redoutable balance sous les cieux, avec tout ce qu'il y a de noir dans l'abîme et tout ce qu'il y a de lumineux sur le faîte.

Paris incarne l'énorme idée humaine. Quand Athènes tombe, Rome se lève, et quand Rome finit, Paris commence. D'Athènes la mystérieuse conspiration de l'idée passe à Rome qui la passe à Paris. Le progrès est d'ailleurs ce sombre voyageur des civilisations successivement arrêté, mais pour un temps. Athènes est une étape, Rome est une étape, Paris est une étape. La dernière non la finale. Paris est l'étape actuelle du formidable marcheur. Ayant commencé au soir dans le brouhaha des Olympes, il a traversé ensuite les désolations du Golgotha, et, l'aube venue, il a vu se dresser devant lui 89, ce poteau des siècles qui fut aussi un pilori.

89 est la première heure de l'avenir : l'humanité s'éveille. Nous sommes encore à l'aube attendant le jour. Et le jour, c'est demain. Hier du reste n'existe pas. L'humanité a toujours vécu de la clarté qu'il y a dans ce mot : demain.

Or, demain c'est l'écroulement.

Les Nemrod, les Phalaris, les Assuérus, les Busiris, les Néron, les Tibère, ces loups; les Caracalla, les Richard III, les Henry III, les Henri VIII, ces pourceaux; les Ferdinand II, les Ezzelin, les Timour, ces hyènes; les Pépin qui donnent des villes aux papes; les Charles II qui vendent des villes aux rois; ce qui était d'abord le knez et fut ensuite le tzar; les 36 Césars couronnés sur le fauteuil de Hochmunster dans Aix-la-Chapelle; la formidable puissance des sept électeurs et tout ce qui les suit à travers l'histoire, leurs 4 ducs, leurs 4 burgraves, leurs 4 comtes chefs de guerre, leurs 4 abbés, leurs 4 marquis, leurs 4 seigneurs, leurs 4 barons, leurs 4 veneurs, leurs 4 offices de Souabe, tout ce rêve sinistre du passé répercuté avec de certains adoucissements dans les réalités du présent et bien autrement dévorant que les tarasques, les drée, les gra-oulli, les goules, les lemures et les vampires des légendes; puis les basileus, les despotes, les dictateurs, les satrapes, les augustes et les césars; les vagues formes hideuses de la toute-puissance qui va du pharaon au bailli et du roi au gouverneur; les Wolfenschriess qui tuent les femmes à coups de hache; les Landenberg qui crèvent les yeux aux hommes; les Gessler qui font saluer leurs chapeaux; les Jeffreys qui vendent de la chair humaine et les Laubardemont qui la brûlent; ceux que la loi anglaise défend avec ceci: *The King can do not wrong*, et ceux que la loi espagnole défend avec cela: *el rey no cae*; rois, reines, empereurs, papes; les porte-tiares et les porte-sceptres; tous les masques grimaçants des saturnales divines et humaines; les inventeurs de Dragonnades et les organisateurs de Saint-Barthélemy; ce qui boit le sang et ce qui le vomit; puis, à côté des mâles les femelles sinistrement accouplées dans l'horreur à ces fauves; la jupe bouffant sur les luxures et le corsage craquant sur les perfidies; les amours souveraines se pourlèchant au fond de l'alcôve dans une haine commune des peuples; l'intrigue, la scélératesse, l'impudeur faites femmes; ces gueuses, les Cléopâtre, les Messaline, les Pompéia, les Poppée, les Faustine, les Théodora, les Lucrèce Borgia, les Isabeau de Bavière, les Marie Tudor, les Catherine de Médicis : toute cette effroyable incarnation du Satan répandu à travers les siècles s'effondrera dans un éparpillement de poussière suffisante à peine à remplir la paume d'un enfant.

Du reste ne menaçons personne. Avertissons. La clémence sied aux vaincus, les vaincus étant les vainqueurs. Habituons nos âmes, non à absoudre ni à pardonner, simplèment à regarder sans trouble l'approche des certitudes.

Ce qui conduisait est devenu ce qui conduit. Eventualité de gouffres. Quand Phaéton, cet usurpateur de Saturnes, eut pris les rênes des quatre chevaux d'Hélios, il crut qu'il pénétrerait à travers cette horreur sacrée des astres qui faisait frissonner Seth; mais le flamboyant quadrige, avec un cabrement sublime, se dressa terrible, continuant sa course par dessus Phaéton précipité.

Ce terrible quadrige de Phaéton se rencontre chez les peuples avec le même cabrement de ceux qui sont conduits et la même précipitation de ceux qui les conduisent.

Phaéton va se dégragégeant chaque jour un peu plus à travers l'abîme.

Il y a une heure pour les nations et il y a une heure pour les hommes. Quelquefois l'heure des nations arrive en même temps que celle des hommes.

De certaines apparitions ont besoin de certaines disparitions. Attendons l'heure. Barberousse périt où se sauve Alexandre. Le Cydnus qui fait l'un victime à demi fait l'autre victime tout à fait. Montrons à Barberousse et à Alexandre cette tombe possible, le Cydnus. Il est bon de rester grand devant les extravagances suprêmes de ce qui est proche de l'écroulement.

Hercule prend dans sa main les Pygmées et les porte à Eurysthée. Le géant a le dédain pour ce qui ne mérite pas la colère. L'esprit d'ailleurs est plus fort que la force. Peuples, pas de violence. Détruire avec violence c'est bâtir dans de la tempête. Brutus plongeant le fer dans le ventre de César le plonge aussi dans les entrailles de la république. La mort de Charles Ier ne sauve personne, ni l'Angleterre qui aboutit à Cromwell, ni Olivier qui aboutit à Richard. Figaro réussit où avorte Harmodius.

Les royautés d'ailleurs sont comme les fruits : elles tombent quand elles sont pourries.

L'empire de Décembre est allé rejoindre la monarchie de Juillet.

En pourrissant elles ont mûri la France.

Ne dites pas que la France n'est pas mûre. Elle l'est trop pour de certaines continuations ; elle l'est assez pour de certaines abréviations. La République, en supprimant les trônes, abrège la route entre le temps et le progrès. Expérience, du reste, passe science. La France sait pour avoir appris. Apprendre, a dit quelqu'un, c'est se ressouvenir. La France se souvient. Il y a même des clous au fond de sa mémoire.

La France oppose, du reste, au retour des 18 brumaire et des 2 décembre cet empêchement qu'elle ne croit plus aux mots, ces « *tas ouden ugies* » du poëte grec, et qu'elle croit seulement aux faits. C'est avec des mots qu'on édifie les serments et les parjures. Elle n'ignore plus ce que valent de certaines paroles royales. Elle se rappelle Louis XV souriant à ses ministres et les exilant ; Jacques Ier embrassant ses amants et les faisant massacrer ; Charles IX qui appelle Coligny « mon père » et le jette aux mains des meurtriers ; François II, qui promet la vie sauve aux 15 conjurés d'Amboise et les livre aux bourreaux, etc., etc.

XI

Les sociétés sont arrivées à l'intersection du despotisme et de la liberté. L'effroyable catastrophe qui précipite à cette heure deux peuples l'un contre l'autre est moins la rencontre de ces peuples que de leur civilisation. Toute l'histoire est faite de ces chocs. Derrière les hommes et les choses il y a la fatalité des principes : ce sont ces principes qui sont les combattants. Les politiques retardent parfois leur mise en présence, mais ne l'empêchent jamais.

Qu'est-ce que la France ?

Qu'est-ce que la Prusse ?

La France est la nation moderne : elle est la révolution. La Prusse est la nation gothique. Du reste révolutionnaire aussi. Mais la première est la révolution en avant ; la seconde est la révolution en arrière. C'est-à-dire, deux mondes.

Entre ces deux mondes il y a la différence qui existe entre hier et demain.

La Prusse est faite pour la guerre : la France pour la paix. L'une faite de la conquête, l'autre du prosélytisme.

Ne dites pas que la France a voulu la guerre : c'est parce qu'elle ne la voulait pas que vous avez déclaré la guerre à son empereur et non à elle.

La Prusse travaille dans l'ombre à la restauration d'une espèce de féodalité mal définie et trahie par des compromis : la France élabore dans la lumière l'avénement de la république universelle nettement caractérisée. Toile d'araignée accrochée par les quatre bouts à l'Europe, la Prusse se condense dans l'isolement d'un système et l'égoïsme d'une politique d'intérêts. Répandue dans une diffusion d'âme et d'idée, la France se disperse à tous les courants de l'humanité. La première est la tradition maintenue des hostilités de politique, la seconde le retour à la concorde par l'affranchissement des diplomaties haineuses. L'une monte la garde devant l'absolutisme transformé en code des nations : l'autre assied sur ses barricades la souveraineté des peuples opposée à la royauté des individus. La Prusse est le semeur tragique qui ne recule pas devant les sillons trempés de sang ; la France, le laboureur pacifique qui ne veut que des sueurs pour pétrir sa glèbe.

La Prusse n'est nulle part ailleurs que chez elle. Où est la France ? Partout. Le rayonnement électrique et magnanime de celle-ci a pour pendant chez celle-là la concentration étroite et systématique. L'une fait de la politique de cabinet ; l'autre fait de la politique de société. La Prusse incendierait l'Europe pour cuire son pot-au-feu : le pot-au-feu de la France s'élargit du nombre de bouches qu'elle convie à l'agape universelle.

Accumulations d'antithèses : la Prusse est une individualité, la France une universalité. Il y a une nation dans la Prusse : toutes les nations sont dans la France. La Prusse s'ossifie dans un système, la France se volatilise dans une âme.

Séparation radicale : la Prusse est le privilége ; la France est l'égalité.

Derrière l'hostilité des principes il y a, dit-on, la permanence des rancunes. La fraternité française et l'insouciance gauloise auraient abouti à la rencontre armée des haines germaniques. La Prusse n'aurait fait qu'incarner une tradition nationale dans une initiative de guerre.

Les haines font des assassins et non pas des soldats. Ayons pour la Prusse le respect : elle a ses héros et ses morts. S'il y a eu rancune, voilons-la des plis des drapeaux.

XII

La France engendre les initiatives. Placée au seuil des temps modernes, elle ouvre l'histoire aux peuples absorbés par les rois. Sur ce seuil, la conspiration des trônes rencontre sa redoutable épée défendant de passer. Son énormité sous le ciel vient moins d'ailleurs de l'espace contenu entre ses frontières que de cette attitude d'archange redoutée des hommes de nuit. Une profusion latente de sens moral est l'air vital où s'abreuve son héroïsme. Pour de certains yeux, cette profusion de sens moral condense au dessus d'elle l'apocalyptique nuée flamboyante de glaives.

Son initiative a cela de sublime, d'ailleurs, qu'elle se complique d'expérimentation. Martyr et soldat, elle souligne ses triomphes et ses défaites d'idées d'une application première faite sur elle-même de ses mains. Elle est le crible et la pierre de touche de tout ce qu'elle emploie à la régénération universelle. Ses expansions de principes, feu subtil échappé des scories, répandent au loin les allégresses et lui laissent les douleurs. Sorte de matrice proposée aux engendrements du siècle et labourée par les forceps, elle s'offre en clinique au monde. Penchés sur l'amphithéâtre, les peuples assistent à ses convulsions.

Qui donc a élaboré le droit des gens moderne ? La France. Ne dites pas qu'on l'eût fait sans elle. Quand la France est en suspens, l'Europe est en détresse. On le vit bien après la Restauration. Pendant quinze ans, on ne parla plus de la France. Le sceptre des sociétés gisait à terre. Quinze ans ! Personne ne le ramassa. Il fallut attendre que la France revînt à la vie.

Il y a du sang et de l'âme de la France dans tous les chemins du monde.

Cette âme et ce sang ont d'ailleurs fait l'Allemagne moderne.

XIII

Oui, la France a été pour la Germanie l'avant-garde de la Germanie même. Cette collectivité engloutie dans des songes de philosophie, entendant tout à coup sonner les trompettes de 89, rêve de se mêler au mouvement du monde. Épiménide, endormi depuis la Réforme, se réveille au bruit de la Révolution. Dès lors, la France ne permettra plus à l'Allemagne de s'endormir : à coups de tonnerre et à coups de canon, elle rallie son énormité pantelante. 1814, 1830 et 1848 battent le rappel et la mettent successivement debout. Faust quitte le monde des ombres, ombre lui-même, pour combattre au milieu des vivants.

A chacun de ces coups, quelque chose de grand a surgi en Allemagne. Je ne parle pas même de ses révolutions : Hesse, Bade, Saxe, Hanovre en 1830, et en 1848 Berlin, Dresde, Vienne. Je parle de ses philosophies. Les philosophes, pléiade flamboyante, constellent de génies le firmament germanique. A Abeilard, Descartes, Malebranche, Pascal, Diderot, Voltaire, Rousseau, elle oppose Kant, Fichte, Hegel, Schelling. Mais, qu'est-ce qui fit Fichte ? La Convention. Qu'est-ce qui se voit dans Kant ? La Constituante. D'où sort Schelling ? De l'empire. Et dans Hegel le penseur entrevoit la Sainte-Alliance.

L'esprit et le sang de la France ne se répandent jamais en vain : tantôt ils se transforment en philosophies, tantôt ils se transforment en politiques.

XIV

Que veut aujourd'hui l'Allemagne ?

Deux choses.

Premièrement la reconstitution de son unité perdue dans le démembrement de la réforme. Secondement, une suprématie sociale.

Elle a dit à la Prusse : « Tu seras mon soldat. »

Peuple intelligent, le plus instruit peut-être de la terre et rêvant la domination, la Prusse est menée par un despotisme conquérant qui songe à l'empire.

Peuple et despotisme ont marché sur la France.

Les diplomaties jettent un jour sombre sur les guerres. On sait où l'on va quand on sait d'où l'on vient. Quelle fut en 1870 la diplomatie française et quelle fut la diplomatie prussienne?

Du côté de la France : la torpeur, l'ignorance, l'imprévoyance, la fourberie.

Par la faute de qui?

De la France?

Oui et non.

La France demeurera frappée dans l'histoire pour s'être donnée, pis qu'aux bandits, aux idiots.

Une fois donnée, elle a dû se donner jusqu'au bout.

Banditisme et idiotisme, cohue couarde, ont fui, la laissant sur le pavé.

Attendez! la voici qui se relève.

Demain nous reparlerons de sa politique et de sa diplomatie.

Du côté de la Prusse : l'habileté, le sang-froid, l'intuition, la science, le qui-vive, une préparation constante, l'audace, l'astuce.

La diplomatie de Berlin a dans les yeux le louchement de Machiavel et dans la marche la tortuosité de Basile. Elle se compose de déviations inattendues, de reptations calculées, d'inexplicables réticences expliquées plus tard. Elle a fait du strabisme un art et une science du glissement. Du reste, elle ne dit que ce qu'elle veut et elle le dit au moment qu'il faut. Inviolablement muette, elle a mis le silence au seuil de ses conseils comme une garde incorruptible. Une volonté plus forte que l'airain mure dans les ténèbres le secret des destins qu'elle élabore. Ses préparations sont lentes ; sa politique s'ourdit comme un complot. La puissance qu'elle révèle dans l'exécution vient d'agrégations accumulées de longue main et rendues formidables par le silence et le temps. Dans le repos des nations, forgeron obcur, elle martèle des armes, toujours au guet. Patiente et laborieuse, elle est prête sans qu'on l'ait su et debout au moindre bruit des trompettes. L'inquiétude d'un qui-vive permanent et l'assurance du péril conjuré se rencontrent tout à la fois en elle. Impossible de la prendre à l'improviste. Sa prévoyance a les yeux du hibou dans la nuit. Prévoyance mêlée d'espionnage. Sa politique contient une odeur de police ; elle double ses diplomates de limiers. Un pied chez elle, un pied ailleurs, elle a toujours des politesses pour ses voisins et une main dans leurs tiroirs. Ouvrez le trousseau de clefs de sa politique : il y en a de fausses. Trait national, cette extrême corruption se double d'extrême ingénuité et rien ne prévaut sur sa bonne foi si ce n'est son astuce. La finesse indienne alliée à la duplicité mongolique s'enveloppe dans cette physionomie de vulgarité joviale et de grossièreté candide. Elle marche cauteleusement entre un diplomate et un argousin : rôder est son affaire. Le réverbère du XIXe siècle voit par moments dans le crépuscule des effacements d'épaules auxquels elle reconnaît cette chouette nocturne. Çà et là elle est convaincue de port d'armes illégales : la bombe pétrolisée et la flèche empoisonnée se rencontrent dans sa politique. La supercherie de certaines alliances tenues cachées explique parfois son audace.

La malice est l'âme de sa diplomatie : il y a de la boîte à surprise dans Bismark. La guerre contre l'empire achevée contre la république est une carte de ce jeu complexe et inattendu.

Du reste, point immorale, mais pas encore moralisée. Les petits enfants montrent à nu ce qu'ils cachent étant hommes. Une certaine inaptitude à la pudeur existe dans l'ingénuité non parvenue à terme. La déshonnêteté involontaire de la Prusse a pour correctif l'obscurité d'une conscience endormie dans une jeunesse tardive. Telle qu'elle est, sa politique est de la barbarie savante : la traîtrise, la fallace, la perversion, l'entraînement, l'embauchage, faisceau qui se voit actuellement dans ses mains, brochent ses victoires sur les défaites de la conscience, Elle corrompt ce qu'elle n'est pas sûre de vaincre : elle achète pour mieux triompher. En sorte qu'il y a de la souillure à ses drapeaux. Quand on est la force, on ne descend pas à ce cloaque, l'intrigue.

La France, elle, se rachète par son sang.

XV

Cette générosité française, toujours prête aux effusions de son sang, ne se garde pas assez des ruses prussiennes. L'imprescriptible don-quichotisme qui l'aventure incessamment dans les dangers et ne s'arrête pas même aux désastres, conserve à son vieil héroïsme la chevaleresque furie irréfléchie de Roland vainqueur et de Roland vaincu. Les guet-apens et les chausse-trapes ne sont pas dans sa manière de faire la guerre. Les carrefours et les coins de bois ne la voient pas nuitamment embusquée. Elle aime la bataille au grand jour, poitrine contre poitrine, tambours battants et drapeaux au vent. L'enthousiasme mêle dans son ardente lutte, à travers la fusillade et la mitraille, la colère à la foi. Elle bondit dans la flamme comme le lion dans la clairière : la Prusse traîtreusement se glisse comme le chacal dans le cimetière.

XVI

Révélation formidable! Aux coups du militarisme prussien une trouée d'éclairs illumine l'ombre amoncelée sur le vaste germanisme : ses destins apparaissent. L'initiative et la sûreté dans les conseils, le mécanisme tout d'une pièce dans l'exécution, faces multiples de la science, dressent devant l'Europe une formidable antithèse. Une sorte de matérialisation outillée de rouages précis agence dans une manœuvre mathématiquement réglée, les forces vives de l'immense confédération. Flottante si longtemps de l'idéalisme au spiritualisme, le branle qui l'agitait entre des pôles opposés l'arrête aujourd'hui sur le terre plein du positivisme. Son génie, brouillard mystique, se dessine tout à coup dans une domination hardie. Elle subjugue la nature et appelle à elle la matière.

Civilisation du fer et du feu, âpre et vorace, vibrante comme l'électricité, rapide comme la vapeur, et qui se dévorerait d'elle-même dans ses flamboyants cratères sans les adoucissements d'une civilisation d'âme et d'esprit.

Irrésistiblement et par l'entraînement des choses, la fusion se fera entre la féodalité du fer et la république de l'esprit. —Celle-ci venant de la France.

J'ai dit que derrière la Prusse il y avait l'Allemagne.

C'est vrai — momentanément.

Que demande à la Prusse l'Allemagne?

La vie sociale.

Que veut la Prusse?

L'empire.

Les gouvernants sont parfois les gouvernés.

Gare aux électricités contenues dans la guerre! La guerre, à défaut de la paix, est un conducteur de fluide.

Sedan tranche le nœud de la politique prussienne.

La paix, proposée après Sedan, indiquait que la guerre avait été faite à l'empire.

La guerre, poursuivie après Sedan, ne l'est pas contre une dynastie, mais contre une société.

En sorte que, commencée contre un prince, elle s'achève contre un principe.

L'Allemagne ratifie la guerre jusqu'à Sedan. Ratifiera-t-elle la guerre après Sedan ?

Nous ne le pensons pas.

L'Allemagne, d'ailleurs, se prête à Guillaume et ne se donne pas. Luther, qui ébauche chez elle 89, a tout sapé, même l'empire.

XVII

Le monde est à cette heure devant Paris.

La lutte n'est pas finie ; elle commence.

L'empire qui masquait la France, s'étant enfui dans une garde-robe, la France a repris le gouvernement et la guerre.

A demi-vaincue par le nombre, la trahison, l'impéritie des chefs, Metz vendu, Sedan livré, elle se dresse toute entière, délirante et sublime, femmes, enfants, vieillards, la haine au cœur, le fusil à la main, résolue à vaincre ou à mourir.

Des torrents de sang ont été versés. Qu'importe : la France en a toujours pour se racheter.

Parler à présent de paix, c'est demander l'abdication de l'un des deux peuples (1).

(1) Un congrès n'est possible qu'après la paix, et il y en aura un. Que débattra ce congrès? La position respective de la Prusse et de la France. La première exigera l'Alsace et la Lorraine ; la seconde demandera la révision des traités de 1815. Il y a un moyen d'entente : rasement réciproque des citadelles dans les parties mutuellement

En avant! Le monde est en feu. Jehovah et Satan se penchent sur les civilisations en déroute. Le dernier exterminé aura seul le droit de demander la paix.

Moloch est déchaîné. La fumée des batailles met la confusion partout. D'effroyables horreurs sont entrevues. Dans cinquante ans, l'histoire dira les soldats et les bouchers. En attendant, silence! Les peuples, au champ de bataille, se couvrent de leurs étendards.

Derrière le soldat, le penseur suppute lugubrement l'avenir.

La Prusse vaincue, la France convie l'Europe aux évolutions normales de la civilisation de 89.

La France vaincue, l'Europe est anéantie.

Voilà pourquoi le penseur croit malaisément à la fin de la France.

Quant à savoir comment l'Europe pourrait être anéantie, voyons.

Trois puissances font contre-poids à la Prusse et à la Russie ; l'Autriche, l'Angleterre et la France.

Supprimez la France. Vous décapitez l'Autriche et l'Angleterre.

La France réduite, que fait la Prusse? Elle prend à l'Autriche les parties allemandes et la laisse avec la Hongrie.

Demeurée seule, l'Angleterre, comme un navire en détresse, tire en vain le canon.

La Prusse alors se tourne du côté de la Russie, et partage avec elle, par dessus l'Europe mutilée, la souveraineté d'un monde renouvelé.

(Momentanément, car la souveraineté en commun est impossible. Une race détruit l'autre).

Brusquement transplanté au sein du slavisme et du germa-

<hr>

manisme, le foyer de la civilisation se disperse dans la décomposition de tous ses éléments naturels, attendant, pour se reformer la reconstitution d'éléments nouveaux.

1789, 1830, 1848, météores d'un firmament qui s'évanouit dans le chaos, rompent à ce coup de foudre leur chaîne flamboyante.

Une ère inattendue commence.

Quelle ère ?

Celle de la féodalité reconstituée.

Affirmons-le : l'Allemagne est une grande nation, mais cadette encore et en tutelle.

Elle n'est pas mûre pour le règne du monde, non plus que la Russie.

Irrésistiblement elle monte, marée qui envahit l'Occident et ses politiques. Les derniers enfants de ce siècle verront le germanisme mêlé au slavisme absorbant la vieille Europe.

Comme les coureurs antiques, les races se passent l'une à l'autre le flambeau des civilisations et rentrent successivement dans l'ombre.

Paris est le coureur sacré par le destin.

Il est dans la destinée de la France de marquer les routes aux nations, et peut-être un jour, quand les nations y seront entrées, de s'effacer.

Après Paris, Berlin sera l'étape où se relaiera finalement Moscou. Alors l'Europe, entourée partout de débris, fera dans l'histoire le bruit d'écroulement qu'on entend çà et là.

L'heure de la Prusse n'a pas encore sonné : mais l'aiguille avance au cadran de ses destins.

Vainement elle cherche à la précipiter. Son immense orgueil rêve le bouleversement du monde. Derrière elle, le slavisme s'arme au bruit des canons. La dénonciation du prince Gortschakoff est une mèche allumée. Prématurément, mais non sans raison. La liberté des mers est un droit de Dieu.

On n'a jamais vu d'ailleurs crouler une société avant le complet achèvement de ses destinées.

La France n'est pas finie : elle n'est qu'interrompue.

Ne parlez pas de la France de 52 : ce n'était plus la France. La France est aussi éloignée du despotisme que la Prusse l'est de la liberté. 52 est un rapt à main armée : il n'y eut de réfléchi que le crime. Quand la France ouvrit les yeux, elle était dans l'abîme. 52 n'est pas, du reste, la marque d'une nation : c'est la marque d'un siècle. Il y a eu récemment, pour pendant au parjure du Corse trahissant ses serments, le mensonge du Prussien trahissant sa parole. Quand Guillaume déclare qu'il fait la guerre à Bonaparte, Machiavel rit comme Méphistophélès a ri quand Bonaparte a juré fidélité à la République. Une même insatiabilité d'arriver à ses fins achève, entre ces fourberies de monarque, la parenté qui commence au cousinage des intérêts. Les nations n'ont, dans ces tours de Scapin, que la complicité inconsciente d'une cécité qui, le tour fait, s'ouvre à la lumière.

La France ne meurt pas : elle se régénère.

XVIII

L'Anankè suprême n'a pas conduit la Prusse sous les murs de Paris pour les faire tomber.

Quand Jéricho fut marquée pour sa fin, Josué sonna trois fois de la trompette, et la ville tomba.

Paris n'est pas encore Jéricho.

XIX

Bombardez Paris : c'est bien.

Paris bombardé est plus vivant que Paris épargné.

Quand même Paris ne serait qu'un monceau de cendres, l'esprit de la France planerait encore sur ses ruines.

Rome, vaincue par le glaive, prit la croix; dès lors, elle fut invincible.

La France est invincible par l'Idée.

FIN.